Camiones de comida

Julie Murray

Abdo Kids Junior es una
subdivisión de Abdo Kids
abdobooks.com

Abdo
CAMIONES EN ACCIÓN
Kids

abdobooks.com

Published by Abdo Kids, a division of ABDO, P.O. Box 398166, Minneapolis, Minnesota 55439. Copyright © 2025 by Abdo Consulting Group, Inc. International copyrights reserved in all countries. No part of this book may be reproduced in any form without written permission from the publisher. Abdo Kids Junior™ is a trademark and logo of Abdo Kids.

Printed in China

102024

012025

THIS BOOK CONTAINS RECYCLED MATERIALS

Spanish Translator: Maria Puchol

Photo Credits: Getty Images, Shutterstock

Production Contributors: Teddy Borth, Jennie Forsberg, Grace Hansen

Design Contributors: Candice Keimig, Pakou Moua

Library of Congress Control Number: 2024939019

Publisher's Cataloging-in-Publication Data

Names: Murray, Julie, author.

Title: Camiones de comida/ by Julie Murray.

Other title: Food trucks. Spanish

Description: Minneapolis, Minnesota: Abdo Kids, 2025. | Series: Camiones en acción | Includes online resources and index

Identifiers: ISBN 9798384904267 (lib.bdg.) | ISBN 9798384904823 (ebook)

Subjects: LCSH: Trucks--Juvenile literature. | Vehicles--Juvenile literature. | Food trucks--Juvenile literature. | Spanish language materials--Juvenile literature.

Classification: DDC 388.32--dc23

Contenido

Camiones de comida. .4

Otros camiones
de comida 22

Glosario 23

Índice 24

Código Abdo Kids . . .24

Camiones de comida

En los camiones de comida **se preparan**, cocinan y venden alimentos.

¡Son restaurantes sobre ruedas!

El camión de tacos ha llegado.

Marco pide más salsa.

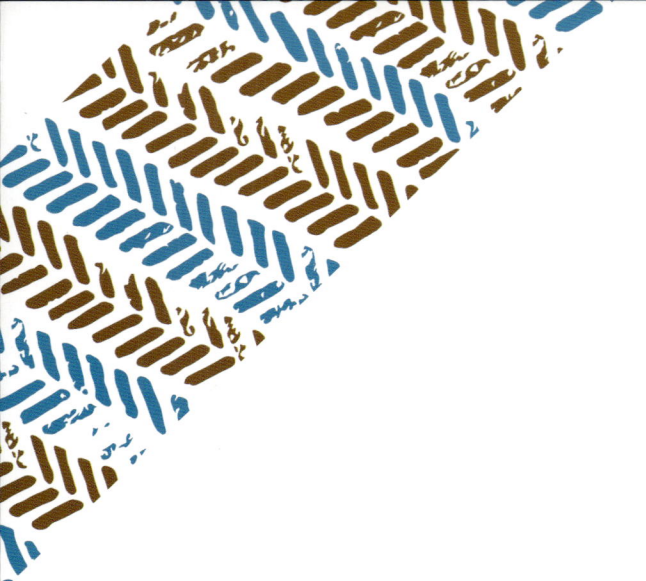

El camión de **barbacoa** ha llegado. ¡En el menú hay costillas!

El camión de las pizzas ha llegado. Tiene muchas opciones de ingredientes.

El camión de hamburguesas ha llegado. Toni pide hamburguesas vegetarianas.

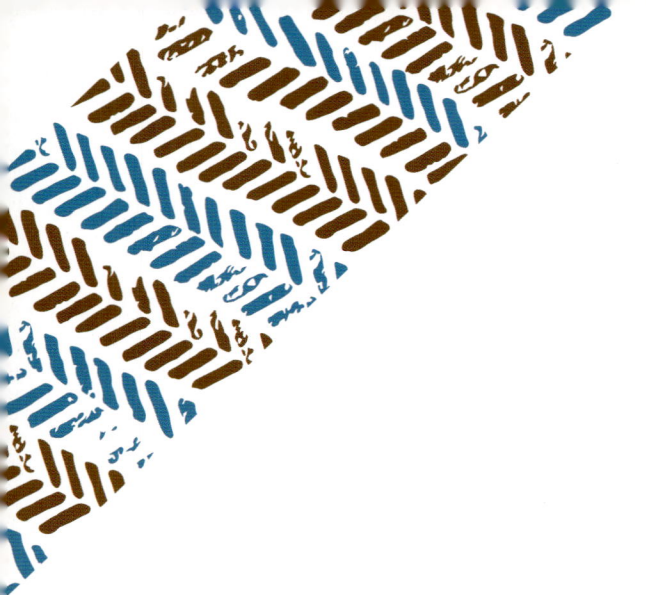

El camión de donas ha llegado. ¡Hay muchas opciones de donas!

El camión de los helados ha llegado. ¡Tiene muchos sabores apetitosos!

¿Has probado la comida hecha en uno de estos camiones?

Otros camiones de comida

camión de dulces

camión de pasta

camión de perritos calientes

camión de sándwiches

Glosario

barbacoa
tipo de aderezo para carne,
en inglés se acorta a BBQ.

preparar
dejar listo, organizar.

Índice

camión de barbacoa 10

camión de donas 16

camión de hamburguesas 14

camión de helados 18

camión de pizzas 12

camión de tacos 8

usos 4, 6

¡Visita nuestra página **abdokids.com** y usa este código para tener acceso a juegos, manualidades, videos y mucho más!

Los recursos de internet están en inglés.

Usa este código Abdo Kids

TFK6141

¡o escanea este código QR!